west life

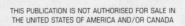

WISE PUBLICATIONS

LONDON/NEW YORK/SYDNEY/PARIS/COPENHAGEN/MADRID/TOKYO

EXCLUSIVE DISTRIBUTORS:
MUSIC SALES LIMITED
8/9 FRITH STREET, LONDON W1V 5TZ, ENGLAND.
MUSIC SALES PTY LIMITED
120 ROTHSCHILD AVENUE, ROSEBERY, NSW 2018, AUSTRALIA.

ORDER NO. AM962654
ISBN 0-7119-8031-4
THIS BOOK © COPYRIGHT 1999 BY WISE PUBLICATIONS.

MUSIC ARRANGED BY JAMES DEAN.
MUSIC ENGRAVED BY PAUL EWERS MUSIC DESIGN.

PRINTED IN THE UNITED KINGDOM BY
CALIGRAVING LIMITED, THETFORD, NORFOLK.

YOUR GUARANTEE OF QUALITY:
AS PUBLISHERS, WE STRIVE TO PRODUCE EVERY BOOK TO
THE HIGHEST COMMERCIAL STANDARDS.
THE MUSIC HAS BEEN FRESHLY ENGRAVED AND THE BOOK HAS BEEN
CAREFULLY DESIGNED TO MINIMISE AWKWARD PAGE TURNS
AND TO MAKE PLAYING FROM IT A REAL PLEASURE.
PARTICULAR CARE HAS BEEN GIVEN TO SPECIFYING ACID-FREE,
NEUTRAL-SIZED PAPER MADE FROM PULPS WHICH HAVE NOT
BEEN ELEMENTAL CHLORINE BLEACHED.
THIS PULP IS FROM FARMED SUSTAINABLE FORESTS AND
WAS PRODUCED WITH SPECIAL REGARD FOR THE ENVIRONMENT.
THROUGHOUT, THE PRINTING AND BINDING HAVE BEEN
PLANNED TO ENSURE A STURDY, ATTRACTIVE PUBLICATION
WHICH SHOULD GIVE YEARS OF ENJOYMENT.
IF YOUR COPY FAILS TO MEET OUR HIGH STANDARDS,
PLEASE INFORM US AND WE WILL GLADLY REPLACE IT.

MUSIC SALES' COMPLETE CATALOGUE DESCRIBES THOUSANDS
OF TITLES AND IS AVAILABLE IN FULL COLOUR SECTIONS BY SUBJECT,
DIRECT FROM MUSIC SALES LIMITED.
PLEASE STATE YOUR AREAS OF INTEREST AND
SEND A CHEQUE/POSTAL ORDER FOR £1.50 FOR POSTAGE TO:
MUSIC SALES LIMITED, NEWMARKET ROAD,
BURY ST. EDMUNDS, SUFFOLK IP33 3YB.

www.musicsales.com

Swear It Again

Words & Music by Steve Mac & Wayne Hector

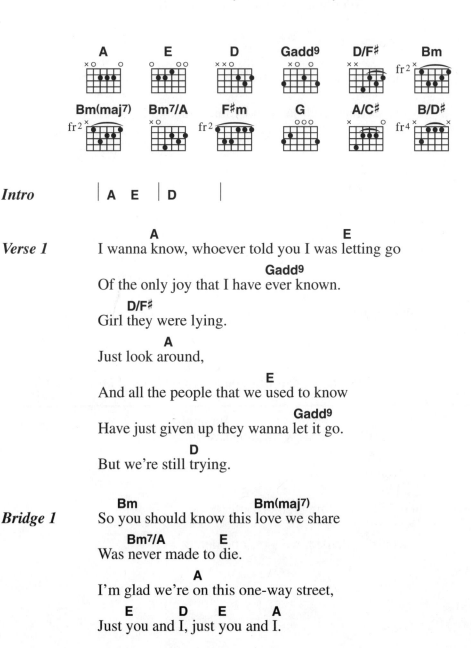

Intro | A E | D |

Verse 1

        A   **E**
I wanna know, whoever told you I was letting go

                   Gadd⁹
Of the only joy that I have ever known.

    D/F♯
Girl they were lying.

       A
Just look around,

                E
And all the people that we used to know

                   Gadd⁹
Have just given up they wanna let it go.

       D
But we're still trying.

Bridge 1

   Bm   **Bm(maj⁷)**
So you should know this love we share

   Bm⁷/A   **E**
Was never made to die.

        A
I'm glad we're on this one-way street,

 E   **D**   **E**   **A**
Just you and I, just you and I.

Chorus 1

        F♯m   **D**
I'm never gonna say goodbye, 'cause I never wanna see you cry.

           G   **E**
I swore to you my love would remain and I'd swear it all

    A
 over again and I

         F♯m   **D**
I'm never gonna treat you bad, 'cause I never wanna see you sad,

           G   **E**
I swore to share your joys and your pain, and I'd swear it all

   A
 over again.

  E **D**
All over again.

Verse 2

       A   **E**
Some people say that everything has got its place and time,

       Gadd9   **D**
Even the day must give way to the night, but I'm not buying.

     A
'Cause in your eyes

      E
I see a love that burns eternally.

         Gadd9   **D**
And if you see how beautiful you are to me, you'll know I'm not lying.

Bridge 2

      Bm   **Bm(maj7)**
Sure there'll be times we wanna say goodbye,

 Bm7/A **E**
But even if we tried

    A   **E**
There are some things in this life

      D   **E** **A**
We won't be denied, we won't be denied.

Chorus 2

                             F♯m   **D**

I'm never gonna say goodbye, 'cause I never wanna see you cry.

                                    G   **E**

I swore to you my love would remain and I'd swear it all

        A

  over again and I

                              F♯m   **D**

I'm never gonna treat you bad, 'cause I never wanna see you sad,

                                G   **E**

I swore to share your joys and your pain, and I'd swear it all

    Bm

  over again.

Middle

            A/C♯   **D**   **Bm**

The more I know of you is the more I know I love you,

            A/C♯   **D**   **Bm**

And the more that I'm sure I want you for ever and ever more.

            A/C♯   **D**   **B/D♯**   **E**

And the more that you love me, the more that I know

                                         A

Oh, that I'm never gonna let you go, gotta let you know that I

Chorus 3   *As Chorus 1*

Outro

    A   **E**   **D**

All over again,

                      A

And I swear it all over again.

If I Let You Go

Words & Music by Jörgen Elofsson, Per Magnusson & David Kreuger

Capo on 1st fret

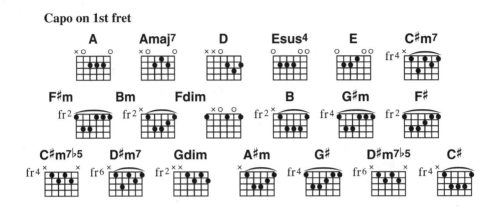

Intro | A | |

Verse 1

A   Amaj⁷
Day after day, time pass away,

D   Esus⁴   E
An' I just can't get you off my mind.

A   Amaj⁷
Nobody knows, I hide it inside,

D   Esus⁴   E
I keep on searching but I can't find

   C♯m⁷   F♯m
The courage to show, to letting you know,

Bm   Esus⁴ E
I never felt so much love before.

     D   E   Fdim   F♯m Bm   D   E
And once again I'm thinking about taking the easy way out.

Chorus 1

         B   **G♯m**
But if I let you go, I will never know
         E   **F♯**
What my life would be, holding you close to me.
      G♯m   **F♯**   **E**
Will I ever see you smiling back at me?
C♯m7   **C♯m7♭5**   **B**
How will I know if I let you go?

Verse 2

A   **Amaj7**
Night after night I hear myself say
D   **Esus4**   **E**
  Why can't this feeling just fade away?
    A   **Amaj7**
There's no one like you, you speak to my heart,
D   **Esus4**   **E**
  It's such a shame we're worlds apart.
  C♯m7   **F♯m**
I'm too shy to ask, I'm too proud to lose,
Bm   **Esus4**   **E**
But sooner or later I got to choose.
  D **E** **Fdim** **F♯m Bm** **D**   **E**
And once again I'm thinking about taking the easy way out.

Chorus 2   *As Chorus 1*

Instrumental | (B) | D#m7 | E | F# |

                | B | D#m7 | E | F# |

           E   F#   Gdim   G#m C#m   F#

Middle   Once again I'm thinking about taking the easy way out.

           C#   A#m

Chorus 3   But if I let you go, I will never know

          F#   G#

What my life would be, holding you close to me.

      A#m   G#   F#

Will I ever see you smiling back at me?

D#m7   D#m7♭5   C#

How will I know if I let you go?

           C#   A#m

Chorus 4   But if I let you go, I will never know

          F#   G#

What my life would be, holding you close to me.

      A#m   G#   F#

Will I ever see you smiling back at me?

D#m7   D#m7♭5   C#

How will I know if I let you go?

Flying Without Wings

Words & Music by Steve Mac & Wayne Hector

Capo on 1st fret

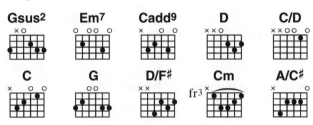

Gsus²   Em⁷   Cadd⁹   D   C/D

C   G   D/F♯   Cm   A/C♯

Verse 1

    N.C.   **Gsus²**
Everybody's looking for that something,

                           Em⁷
One thing that makes it all complete,

                           Cadd⁹
You find it in the strangest places,

                        D
Places you never knew it could be.

                       Gsus²
Some find it in the face of their children,

                       Em⁷
Some find it in their lover's eyes.

                   Cadd⁹
Who can deny the joy it brings,

                         D
When you've found that special thing,

             G
You're flying without wings.

Verse 2

Gsus2
Some find it sharing every morning,

Em7
Some in their solitary lives.

C
You find it in the works of others,

D **C/D D**
A simple line can make you laugh or cry.

Gsus2
You find it in the deepest friendships,

Em7
The kind you cherish all your life.

C
And when you know how much that means,

D
You've found that special thing,

G
You're flying without wings.

Bridge

G D/F♯ C   **D**
So impossi----ble as they may seem,

Em7   **D/F♯ G**
You've got to fight for every dream.

D/F♯   **C**
'Cause who's to know

Cm
Which one you let go

C/D D
Would have made you complete.

Verse 3

```
C/D       D                        Gsus2
Well for me it's waking up beside you,
                     D/F#        Em7
To watch the sun rise on your face.
                                C
To know that I can say I love you,
                     D
At any given time or place.


                          Gsus2
It's little things that only I know,
                     D/F#          Em7
Those are the things that make you mine.
                          C
And it's like flying without wings,
                              D
'Cause you're my special thing,
                     Gsus2
I'm flying without wings.
```

Outro

```
                              D/F#  C
And you're the place my life begins,
                     D
And you'll be where it ends,
                     C
I'm flying without wings,
            A/C#     C/D
And that's the joy you bring,
                     G
I'm flying without wings.
```

Fool Again

Words & Music by Jörgen Elofsson, Per Magnusson & David Kreuger

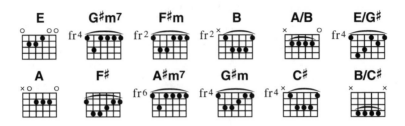

Intro | E | | |

Verse 1
    E   G#m7   F#m
Baby, I know the story, I've seen the picture,

    B   E
It's written all over your face.

    E   G#m7   F#m
Tell me what's the secret that you've been hiding,

    A/B   E
Who's gonna take my place?

Bridge 1
    F#m   E/G#   A   B
I should've seen it coming, I should've read the signs.

    F#m B
Anyway, I guess it's over.

Chorus 1

  E   G♯m⁷   F♯m
Can't believe that I'm the fool again,
  B   E
I thought this love would never end,
  B   F♯m   A/B
How was I to know, you never told me.
  E   G♯m⁷   F♯m
Can't believe that I'm the fool again,
    B   E
And I who thought you were my friend,
  B   F♯m   A/B
How was I to know, you never told me.

Verse 2

  E   G♯m⁷   F♯m
Baby, you should've called me, when you were lonely,
        B   E
When you needed me to be there.
                    G♯m⁷   F♯m
Sadly, you never gave me too many chances,
   A/B   E
To show you how much I care.

Bridge 2   _As Bridge 1_

Chorus 2   *As Chorus 1*

Middle   E G♯m7   F♯m B   E   G♯m7 F♯m B
             About the pain and the tears.
             E   G♯m7   F♯m   B   E   G♯m7 F♯m A/B
             If I could, I would turn back the time.

Bridge 3   *As Bridge 1*

Chorus 3   F♯   A♯m7   G♯m
             Can't believe that I'm the fool again,
                C♯   F♯
             I thought this love would never end,
             C♯   G♯m   B/C♯
             How was I to know, you never told me.
             F♯   A♯m7   G♯m
             Can't believe that I'm the fool again,
                C♯   F♯
             And I who thought you were my friend,
             C♯   G♯m   B/C♯
             How was I to know, you never told me.

Chorus 4   *Repeat Chorus to fade*

No No

Words & Music by Rami Yacoub & Andreas Carlsson

Capo on 1st fret

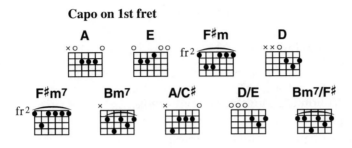

Intro ‖: A   E │ F#m D :‖

Verse 1
A   E   F#m   D
Once we had it all for the taking,

A   E   F#m D
Love was just me and you.

              A   E
You better think twice,

        F#m   D
About the plans that you're making,

    A   E   F#m D
Of splitting the world in two.

Bridge 1
        Bm7
Put your mind in doubt, did you think about

        D   E
Everything that we're missing?

        Bm7
Don't you make me see what is best for me,

        D   E
'Cause I just won't listen baby.

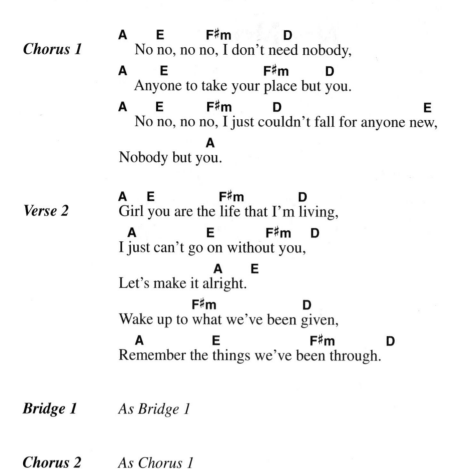

Chorus 1

    A   E   F♯m   D
     No no, no no, I don't need nobody,

    A   E   F♯m   D
      Anyone to take your place but you.

    A   E   F♯m   D   E
      No no, no no, I just couldn't fall for anyone new,

                      A
    Nobody but you.

Verse 2

    A   E   F♯m   D
     Girl you are the life that I'm living,

     A   E   F♯m   D
     I just can't go on without you,

                  A   E
     Let's make it alright.

            F♯m   D
     Wake up to what we've been given,

        A   E   F♯m   D
     Remember the things we've been through.

Bridge 1   *As Bridge 1*

Chorus 2   *As Chorus 1*

Middle

F#m7   E   D   A   E
I can't imagine the two of us apart,

F#m7   E   D A/C#   Bm7
Can't find a reason, 'cause I still believe,

              E
There's no-one like you.

D   A/C#   D/E   A
That's why I need nobody but you.

Chorus 3

              E   F#m D A E   F#m   D
Don't need nobo---dy to take your place but you.

A   E   F#m D   Bm7/F# E
Don't need nobo---dy at all, no   no,

A   E   F#m   D
No no, no no, I don't need nobody,

A   E   F#m   D
Anyone to take your place but you.

A   E   F#m   D   E
No no, no no, I just couldn't fall for anyone new, nobody but you.

A   E   F#m   D
No no no, no no no, I don't need nobody,

A   E   F#m   D
No no no, no no no, I don't need nobody,

A   E   F#m   D   E
No no no, no no no, I just couldn't fall for anyone new,

                  A
   nobody but you.

I Don't Wanna Fight

Words & Music by Steve Mac & Wayne Hector

Capo on 1st fret

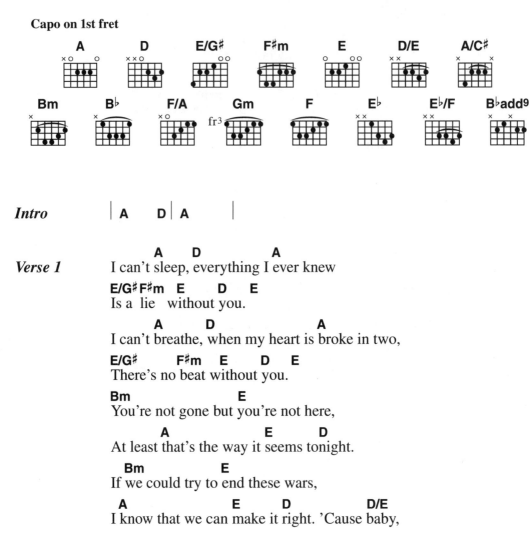

Intro | A D | A |

Verse 1

      A   **D**   **A**
I can't sleep, everything I ever knew

E/G♯ F♯m   E   **D**   **E**
Is a lie without you.

      A   **D**   **A**
I can't breathe, when my heart is broke in two,

E/G♯   **F♯m** **E**   **D** **E**
There's no beat without you.

Bm   **E**
You're not gone but you're not here,

      A   **E**   **D**
At least that's the way it seems tonight.

   Bm   **E**
If we could try to end these wars,

  A   **E**   **D**   **D/E**
I know that we can make it right. 'Cause baby,

Chorus 1

    A   E/G♯ F♯m
I don't wanna fight no more, I forgot what we were fighting for,

    E   D   D/E   E
And this loneliness that's in my heart won't let me be apart from you.

    A   E/G♯ F♯m
I don't wanna have to try, girl, to live without you in my life,

    A/C♯   D
So I'm hoping we can start tonight,

       D/E   E   A   D A
'Cause I don't want to fight no more.

Verse 2

             A   D   A
How can I leave when everything that I adore,

     E/G♯   F♯m
And everything I'm living for,

    E   D   E
Girl it's in you.

      A   D   A
I can't dream, sleepless nights have me got bad,

      E/G♯   F♯m   E   D   D/E
The only dream I ever have, is being with you.

    Bm   E   A   E   D
I know that we can make it right, it's gonna take a little time,

       Bm   E
Let's not leave ourselves with no way out,

    A   E   D   D/E E
Let's not cross that line.

Chorus 2   *As Chorus 1*

Instrumental | (A   D | A) E/G♯ | F♯m E | D D/E |

Middle

    Bm   E   A   E/G♯ D
Remember that I made a vow that I would never let you go,

    Bm   E   A   E   D
I meant it then I mean it now and I want to tell you so.

Chorus 3

Bb   F/A Gm
I don't wanna fight no more, I forgot what we were fighting for,

F   Eb   Eb/F   F
And this loneliness that's in my heart won't let me be apart from you.

Bb   F/A Gm
I don't wanna have to try, girl to live without you in my life,

F   Eb
So I'm hoping we can start tonight,

       Eb/F   F
Cause I don't want to fight no more.

Chorus 4

Bb   F/A Gm
I don't wanna fight no more, I forgot what we were fighting for,

F   Eb   Eb/F   F
And this loneliness that's in my heart won't let me be apart from you.

Bb   F/A   Gm
I don't wanna have to try, girl to live without you in my life,

F   Eb
So I'm hoping we can start tonight,

       Eb/F   F   Bb   Eb Bb
Cause I don't want to fight no more.

Outro

F/A Gm F   Eb   F   Bbadd9
So life without you, without you.

Change The World

Words & Music by Mark Topham, Karl Twigg & Lance Ellington

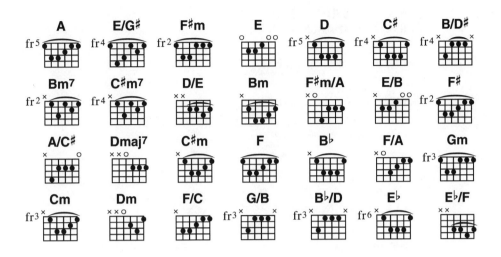

Intro

$\|:$ A E/G# | F#m E $:\|$

Verse 1

A   E/G# F#m E
Since you've gone, well it

         A   E/G#   F#m   E
Seems like everything is wrong.

     A   E/G# F#m E
And deep in - side, I know that I've

A   E/G#   F#m   E
Lost much more than pride.

      D   C#
Well happiness is getting further away,

    F#m   E   B/D#
Girl I miss you more than words can say,

Bm7   C#m7 D
I need a miracle now,

D/E   E
So tell me…

Chorus 1

    A   E/G♯   F♯m   E
How can I change the world?

          Bm F♯m/A   E/G♯
'Cause I sure can't change your mind.

C♯m   E/B   F♯
Where's the miracle I need now?

         Bm   A/C♯   D
Got to get to you somehow,

          D/E   A
'Cause I can't change the world,

         E/G♯   F♯m
I can't change the world,

      E   A
No I can't change the world,

        E/G♯   F♯m   E
I can't change the world.

Verse 2

A E/G♯ F♯m E   A   E/G♯   F♯m E
Losing you, well it's been the hardest thing to do,

   A   E/G♯ F♯m   E
So I close my eyes and tell myself

       A   E/G♯ F♯m E
That somehow I'll survive.

         D   C♯
Well you gave me heaven then you took it away,

    F♯m   E   B/D♯
Girl I miss you more with each passing day.

Chorus 2

Bm⁷   C♯m⁷ D   D/E   E
I need a miracle now, so tell me…

    A   E/G♯   F♯m   E
How can I change the world?

         Bm F♯m/A   E/G♯
'Cause I sure can't change your mind.

C♯m   E/B   F♯
Where's the miracle I need now?

        Bm   A/C♯   D
Got to get to you somehow.

Middle

    D/E   **Dmaj⁷**   **E**
        And baby it's so sad that you have to leave,

C♯m   **F♯**
Just so you can find yourself.

        Dmaj⁷   **E**
And it's so sad that you just can't see,

  Bm   **E**
I love you more than life itself.

Instrumental | **A E/G♯** | **F♯m E** | **A E/G♯** | **N.C.** |

                F
No I can't change the world.

    B♭   **F/A**   **Gm**   **F**
Chorus 3   How can I change the world?

        Cm Gm   **F/A**
'Cause I sure can't change your mind.

Dm   **F/C**   **G/B**
Where's the miracle I need now?

       Cm   **B♭/D**   **E♭**
Got to get to you somehow,

       Cm   **B♭/D**   **E♭** **E♭/F**
Got to get to you somehow,

N.C.
No I can't change the world.

Moments

Words & Music by Steve Mac & Wayne Hector

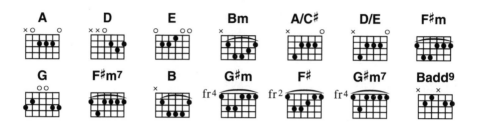

Verse 1

       A
If I die tonight,

   D   **E**   **A**
I'd go with no regrets, if it's in your arms,

D   **E**
I know that I was blessed,

         Bm   **A/C♯**   **E**
And if your eyes, are the last thing that I see,

        D   **D/E E**
Then I know the beauty heaven holds for me.

           A
But if I make it through,

   D   **E**   **A**
If I live to see the day, if I'm with you,

   D   **E**   **Bm**
I'll know just what to say, the truth be told,

      A/C♯   **E**
Girl you take my breath away,

      D   **D/E E**
Every minute, every hour, every day.

Chorus 1

          A   **F♯m**
'Cause every moment we share together,

      D   **G**   **E**
Is even better than the moment before.

          A   **F♯m7**
If every day was as good as today was,

           D   **E**   **A**   **E D E**
Then I can't wait until tomorrow comes.

Verse 2

            A   **D**   **E**
A moment in time is all that's given you and me,

           A   **D**   **E**
A moment in time, and it's something you should seize.

        Bm   **A/C♯**
So I won't make the mistake of letting go,

      D   **D/E** **E**
Every day you're here I'm gonna let you know.

Chorus 2

          A   **F♯m**
That every moment we share together,

      D   **G**   **E**
Is even better than the moment before.

          A   **F♯m7**
If every day was as good as today was,

           D   **E**   **Bm**
Then I can't wait until tomorrow comes.

Middle

Each morning that I get up,

A/C♯
I love you more than ever,

B/D♯   **E**
So girl I'll never go away,

           D/E **E**
Never stray.

Chorus 3

        A   **F♯m**
So every moment we share together,

        D   **G**   **E**
Is even better than the moment before.

        A   **F♯m7**
If every day was as good as today was,

        D   **E**   **A**
Then I can't wait until tomorrow comes.

Chorus 4

        B   **G♯m**
Every moment we share together,

        E   **A**   **F♯**
Is even better than the moment before.

        B   **G♯m7**
If every day was as good as today was,

        E   **F♯**   **B**
Then I can't wait until tomorrow comes.

Outro

                F♯   **E**
I love, love, love the moments,

         F♯
Moments we share together

B   **F♯**   **E**
I love, love, love the moments,

         F♯   **B**
I pray they last forever.

                F♯   **E**
I love, love, love the moments,

         F♯
Moments we share together

B   **F♯**   **E**
I love, love, love the moments,

         F♯   **Badd9**
I pray they last forever.

Seasons In The Sun

Words by Rod McKuen Music by Jacques Brel

Capo on 2nd fret

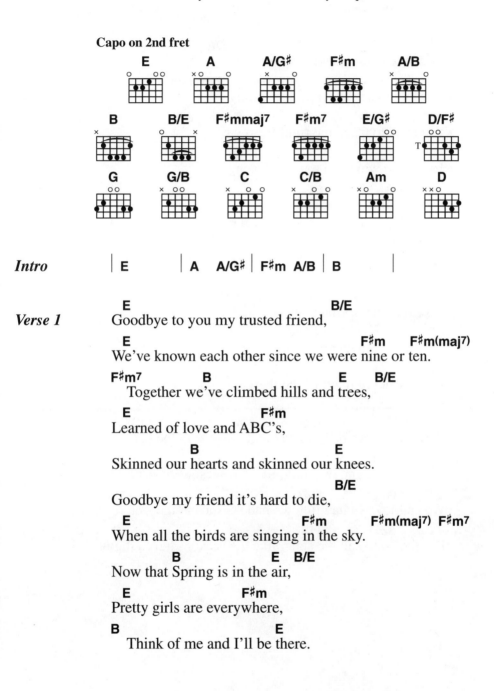

E   A   A/G♯   F♯m   A/B

B   B/E   F♯mmaj7   F♯m7   E/G♯   D/F♯

G   G/B   C   C/B   Am   D

Intro | E | A   A/G♯ | F♯m   A/B | B |

Verse 1

       E   B/E
Goodbye to you my trusted friend,

       E   F♯m   F♯m(maj7)
We've known each other since we were nine or ten.

F♯m7   B   E   B/E
  Together we've climbed hills and trees,

       E   F♯m
Learned of love and ABC's,

                  B   E
Skinned our hearts and skinned our knees.

                              B/E
Goodbye my friend it's hard to die,

       E   F♯m   F♯m(maj7) F♯m7
When all the birds are singing in the sky.

          B   E   B/E
Now that Spring is in the air,

       E   F♯m
Pretty girls are everywhere,

   B   E
  Think of me and I'll be there.

Chorus 1

      E   E/G♯   A   A/G♯
We had joy, we had fun, we had seasons in the sun,

      F♯m   B   E
But the hills that we climbed were just seasons out of time.

Verse 2

                                         B/E
Goodbye Papa please pray for me,

      E   F♯m   F♯m(maj7)
I was the black sheep of the family.

      F♯m7   B   E   B/E
You tried to teach me right from wrong,

      E   F♯m
Too much wine and too much song,

        B   E
Wonder how I got along.

                                  B/E
Goodbye Papa, it's hard to die,

      E   F♯m   F♯m(maj7)
When all the birds are singing in the sky.

      F♯m7   B   E   B/E
Now that the Spring is in the air,

      E   F♯m
Little children everywhere,

      B   E
When you see them I'll be there.

Chorus 2

      E   E/G♯   A   A/G♯
We had joy, we had fun, we had seasons in the sun.

        F♯m   B   E
But the wine and the song, like the seasons have all gone.

D/F♯   G   G/B   C   C/B
We had joy, we had fun, we had seasons in the sun.

        Am   D   G   D/F♯ E
But the wine and the song, like the seasons have all gone.

Verse 3

                                                B/E
Goodbye Michelle, my little one,

  E   F♯m F♯m(maj⁷)
You gave me love and helped me find the sun.

F♯m⁷   B   E   B/E
  And every time that I was down

  E   F♯m
You would always come around,

          B   E
And get my feet back on the ground.

                           B/E
Goodbye Michelle, it's hard to die,

  E   F♯m   F♯m(maj⁷)
When all the birds are singing in the sky.

F♯m⁷   B   E B/E
  Now that the Spring is in the air,

  E   F♯m
With the flowers everywhere,

B   E
  I wish that we could both be there.

Chorus 3

           E   E/G♯   A   A/G♯
We had joy, we had fun, we had seasons in the sun,

           F♯m   B   E
But the hills that we climbed were just seasons out of time.

D/F♯ G   G/B   C   C/B
We had joy, we had fun, we had seasons in the sun,

       Am   D   G
But the wine and the song, like the seasons have all gone.

                  G/B   C   C/B
We had joy, we had fun, we had seasons in the sun,

       Am   D   G
But the wine and the song, like the seasons have all gone.

                  G/B   C   C/B
We had joy, we had fun, we had seasons in the sun,

       Am   D   G
But the wine and the song, like the seasons have all gone.

I Need You

Words & Music by Rami Yacoub, Andreas Carlsson & Max Martin

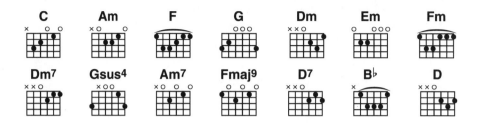

Intro

    C   **Am**   **F** **G**
Baby, baby, I swear to you,

    C   **Am**   **Dm G**
Baby, baby, I'm here for you.

Verse 1

           Fadd9   **G**   **Em**
I don't know why, why I did those things to you,

           Am
What went through my mind.

           Fadd9   **G**   **Em**
And I don't know why, why I broke your heart in two,

         Am
Guess that I was blind.

        Fm   **Dm7**   **G**   **Gsus4 G**
Baby how I wish you could forgive me just one more time.

Chorus 1

       C   **Am7**   **Fmaj9**   **Gsus4 G**
And I swear I'll be there, any time you want me to,

       C   **Am7**
I'll be true, here for you,

Fm   **Dm7**   **G**   **Gsus4 G**
Don't leave me lonely, 'cause I need you.

Verse 2

              Fadd9   **G**   **Em**
Yes, I've been a fool, now I see the price to pay,

          Am   **Fadd9**
I can't run and hide, 'cause I'm losing you,

     G   **Em**   **Am**
And my chances slipped away, with each time I lied.

          Fm   **Dm7**   **G**   **Gsus4 G**
Baby how I wish you could forgive me one more time.

Chorus 2   *As Chorus 1*

Middle

       Dm   **F**
Baby, living without you will tear me apart

        C   **G**
When I know how it could have been.

Am7   **Dm**
But I don't care what it leads to,

    D7
Let's make a new start

   F   **B♭ G**   **C**
And give love a chance to win 'cause baby I swear,

Bridge

C   **Am7**   **Fmaj9**   **G**
Baby, baby, I swear to you,   any time you want me to,

C   **Am7**   **Fmaj9**
Baby, baby I'm here for you,   don't leave me lonely,

       D   **G**
'Cause I need you.

Chorus 3   *As Chorus 1*

Chorus 4   *As Chorus 1*

        C
Yes baby I need you.

Miss You

Words & Music by Jake Schulze & Rami Yacoub

Intro | D | A | Bm | G |

Verse 1

     A   **G**
I can't sleep, I just can't breathe,

D/F♯   **G**
When your shadow is all over me baby.

     A   **G**
Don't wanna be a fool in your eyes,

D/F♯   **G**
'Cause what we had was built on lies.

              Bm   **A**   **D**
And when our love seems to fade away,

G   **Asus⁴**
Listen to me, hear what I say.

Chorus 1

          D   **A**
I don't wanna feel the way that I do,

        Bm   **G**
I just wanna be right here with you.

          D   **A**
I don't wanna see, see us apart,

       Bm   **G**
I just wanna say it straight from my heart,

I miss you.

Verse 2

  (A)   **G**
What would it take for you to see,

   D/F♯   **G**
To make you understand that I'll always believe.

  A   **G**
You and I can make it through,

   D/F♯   **G**
And I still know I can't get over you.

      A   **Bm**   **A**   **D**
'Cause when our love seems to fade away,

G   **Asus⁴**
Listen to me, hear what I say.

Chorus 2   *As Chorus 1*

Instrumental ‖: A | G | D/F♯ | G   :‖

Middle

                Bm **G**   **A**   **Bm**
'Cause when our love always fades away,

Em   **G**   **A**
Listen to me, hear what I say.

Chorus 3

  (B♭)   **E♭**   **B♭**
I don't wanna feel the way that I do,

         Cm   **A♭**
I just wanna be right here with you.

         E♭   **B♭**
I don't wanna see, see us apart,

    Cm   **A♭**
I just wanna say it straight from my heart,

I miss you.

Chorus 4   *As Chorus 3*

                  E♭
Oh baby, I miss you, I do.

More Than Words

Words & Music by Nuno Bettencourt & Gary Cherone

Tune down a semitone

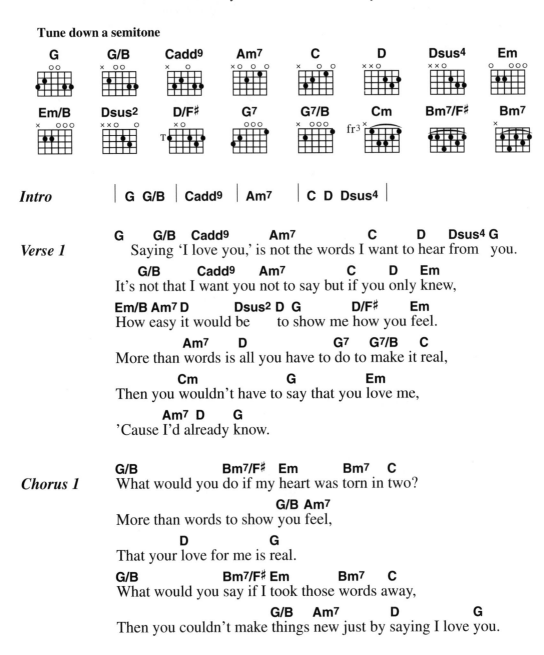

Intro | G G/B | Cadd⁹ | Am⁷ | C D Dsus⁴ |

Verse 1

       G   G/B Cadd⁹   Am⁷   C   D   Dsus⁴ G
Saying 'I love you,' is not the words I want to hear from   you.

      G/B   Cadd⁹   Am⁷   C   D   Em
It's not that I want you not to say but if you only knew,

Em/B Am⁷ D   Dsus² D G   D/F♯   Em
How easy it would be   to show me how you feel.

        Am⁷   D   G⁷ G⁷/B C
More than words is all you have to do to make it real,

        Cm   G   Em
Then you wouldn't have to say that you love me,

       Am⁷ D   G
'Cause I'd already know.

Chorus 1

     G/B   Bm⁷/F♯ Em   Bm⁷ C
What would you do if my heart was torn in two?

                    G/B Am⁷
More than words to show you feel,

          D   G
That your love for me is real.

G/B   Bm⁷/F♯ Em   Bm⁷   C
What would you say if I took those words away,

                  G/B Am⁷   D   G
Then you couldn't make things new just by saying I love you.

Middle

          G/B   **C**   **G/B Am7**
It's more than words, it's more than what you say,

                C D
It's the things you do, oh yeah.

G   **G/B**   **C**   **G/B Am7**
It's more than words, it's more than what you say,

           D
It's the things you do, oh yeah.

Verse 2

G G/B   **Cadd9 Am7**   **C**   **D**   **Dsus4 G**
  Now that I've tried to talk to you and make you understand,

G/B   **Cadd9**   **Am7**   **C**   **D**   **Em**
All you have to do is close your eyes and just reach out your hands

Em/B Am7   **D**   **Dsus2 D**   **G**   **D/F♯**   **Em**
And touch me, hold me close, don't ever let me go.

       Am7   **D**   **G7**   **G7/B** **C**
More than words is all I ever needed you to show,

       Cm   **G**   **Em**
Then you wouldn't have to say that you love me,

      Am7 D   **G**
'Cause I'd already know.

Chorus 2   *As Chorus 1*

Open Your Heart

Words & Music by Jake Schulze & Andreas Carlsson

Capo on 1st fret

C   G   Fadd9   Am7   E   Am   F   Gsus4

Verse 1

```
        C            G           Fadd9            G
        I didn't mean to let you down, you have to believe it.
        C            G                  Fadd9            G
        I don't know what went through my mind, but now I can see
```

Bridge 1

```
        Fadd9            Am7                      G
        That I waited too long to tell you how much it matters
                         Fadd9            Am7              G
        Just to be right here with you, but I couldn't think of anything better.

        I should have told you so.
```

Chorus 1

```
            C                        Am7            Fadd9
        Baby open your heart, won't you give me a second chance,
                         G
        And I'll be here forever.
        C                    Am7                 Fadd9
        Open your heart, let me show you how much I care,
                         E            Am  G
        And I will make you understand.
            Fadd9            G           C
        If you open your heart to love me once again.
```

Verse 2

      C   G   F   G
I'll try to make it up to you, I want you to know.

      C   G   F   G
Baby I swear that I'll be true and never let go.

Bridge 2   *As Bridge 1*

Chorus 2

           C   Am⁷   Fadd⁹

Baby open your heart, won't you give me a second chance,

           G
And I'll be here forever.

      C   Am⁷   Fadd⁹
Open your heart, let me show you how much I care,

                        E   Am G
And I will make you understand.

          Fadd⁹   G   F
If you open your heart to love me once again.

Middle

                 Am   Gsus⁴ G
We could relieve this pain and sorrow,

                 F
But we better do it in time.

                 Am   G
Start over here and save tomorrow,

I wanna make you mine.

Chorus 3   *As Chorus 1*

Chorus 4   *As Chorus 1*

What I Want Is What I've Got

Words & Music by Alexandra Talomaa & Rami Yacoub

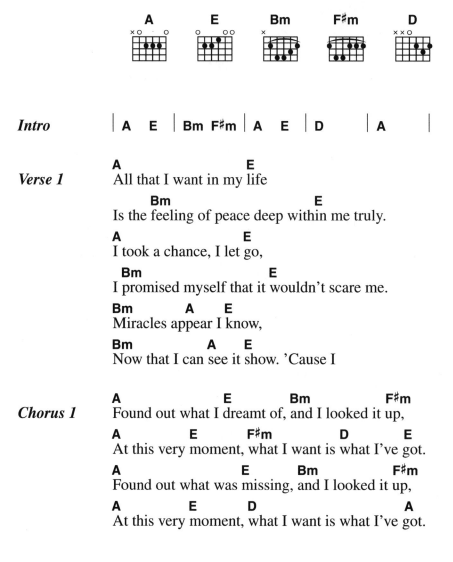

Intro | A E | Bm F#m | A E | D | A |

Verse 1

A   E
All that I want in my life

    Bm   E
Is the feeling of peace deep within me truly.

A   E
I took a chance, I let go,

    Bm   E
I promised myself that it wouldn't scare me.

Bm   A   E
Miracles appear I know,

Bm   A   E
Now that I can see it show. 'Cause I

Chorus 1

A   E   Bm   F#m
Found out what I dreamt of, and I looked it up,

A   E   F#m   D   E
At this very moment, what I want is what I've got.

A   E   Bm   F#m
Found out what was missing, and I looked it up,

A   E   D   A
At this very moment, what I want is what I've got.

Verse 2

(A)   **E**
Life is too short to hold back,

      Bm   **E**
I won't live in the past being lonely, now I know,

A   **E**
This is the time of my life,

Bm   **E**
Yes, I am sure what I want is what I've got.

Bm   **A**   **E**
Miracles appear I know,

Bm   **A**   **E**
Now that I can see it show. 'Cause I

Chorus 2   *As Chorus 1*

      F♯m   **E**   **D**
Middle   Now I've found out what I've been dreaming of,

     F♯m   **E**   **D**
It's the feeling of peace deep within me.

      F♯m   **E**   **D**
'Cause life is too short to hold back,

  Bm   **E**   **D E**
I made up my mind. I just

Chorus 3   *As Chorus 1*

Chorus 4   *Repeat Chorus to end*

Try Again

Words & Music by Jörgen Elofsson, Per Magnusson & David Kreuger

Capo on 1st fret

Chord diagrams: Esus⁴, F♯m⁷add¹¹, Asus², Bsus⁴, B, Eadd⁹, Amaj⁷, G♯m⁷, F♯m⁷, A/B, B/D♯, E, A, G♯⁷, C♯m, Gm⁷, F♯add⁹, G♯m⁷add¹¹, Bsus², C♯sus⁴, C♯, F♯, A♯⁷, D♯m⁷

Intro | Esus⁴ F♯m⁷add¹¹ | Asus² Bsus⁴ B | Eadd⁹ F♯m⁷add¹¹ | Asus² B |

Verse 1

    E   **F♯m⁷add¹¹**   **Asus²**
Hush now, don't you cry,

Bsus⁴   **B**   **Eadd⁹ F♯m⁷add¹¹**
There will be a better day,

Asus²   **Bsus⁴**   **B**
I promise you.

Eadd⁹   **F♯m⁷add¹¹**
We can work it out,

Asus² Bsus⁴   **B**   **Eadd⁹**   **F♯m⁷add¹¹**
   But only if you let me know

           Asus²   **B**
What's on your mind.

Bridge 1

Amaj⁷   **G♯m⁷**
Baby, you thought it was forever,

                  F♯m⁷
Through any kind of weather,

           A/B
But someday, you will find what you're searching for.

Chorus 1

Eadd⁹ F♯m⁷add¹¹ Asus² B
Try   again,   never   stop believing,

Eadd⁹ F♯m⁷add¹¹   Asus²   B/D♯
Try   again, don't give up on your love.

E   A   G♯7   C♯m⁷
Stumble and fall is the heart of it all,

                          F♯m⁷add¹¹ B   Eadd⁹
So when you fall down,   just try again.

Verse 2

Eadd⁹   F♯m⁷add¹¹ Asus²
Smile now, let it go,

        Bsus⁴   B   Eadd⁹ F♯m⁷add¹¹
Hey, you will never be alone,

Asus²   Bsus⁴ B
I promise you.

        Eadd⁹   F♯m⁷add¹¹
If you can't fight the feeling,

Asus² Bsus⁴ B   Eadd⁹
  Surrender in your heart,

  F♯m⁷add¹¹ Asus²   Bsus⁴ B
Remember,   love will set you free.

Bridge 2

Amaj⁷   G♯m⁷
Baby, you thought it was forever,

                          Gm⁷   F♯m⁷
You would always be together,

                          A/B
But someday, you will find what you're searching for.

Chorus 2

Eadd9 F♯m7add11 Asus2 B
Try again,   never stop believing,

Eadd9 F♯m7add11   Asus2   B/D♯
Try again, don't give up on your love.

E   A   G♯7   C♯m
Stumble and fall is the heart of it all,

               F♯m7add11   Bsus4
So when you fall down, just try again.

Middle

Amaj7   G♯m7   F♯m7
Baby, when a heart is crying, it sometimes feels like dying, and

A/B   E   F♯m7   E
Teardrops fall like rain.

Amaj7   G♯m7   Gm7   F♯m7
Baby, you thought it was forever, you would always be together,

                  A/B
But someday you will find what you're searching for.

Interlude   ‖: **Eadd9 F♯m7add11** │ **Asus2 Bsus4** :‖

Chorus 3

F♯add9 G♯m7add11 Bsus2 C♯sus4 C♯
Try again,   never   stop believing,

F♯add9 G♯m7add11   Bsus2   C♯
Try again, don't give up on your love.

F♯add9 G♯m7add11 Bsus2 C♯sus4 C♯
Try again,   never   stop believing,

F♯add9 G♯m7add11   Bsus2   C♯/E♯
Try again, don't give up on your love.

F♯   B   A♯7   D♯m
Stumble and fall is the heart of it all,

               G♯m7add11 C♯   F♯add9
So when you fall down,   just try again.

We Are One

Words & Music by Steve Mac, Wayne Hector & Alexandre Desplat

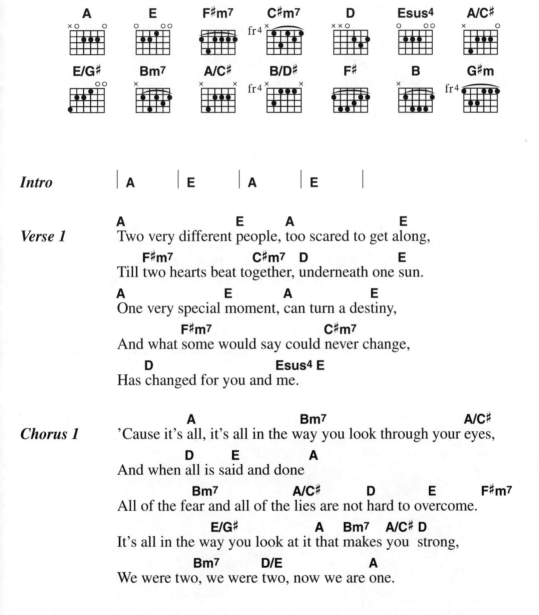

Tune down a semitone

A   E   F#m7   C#m7   D   Esus4   A/C#

E/G#   Bm7   A/C#   B/D#   F#   B   G#m

Intro | A | E | A | E |

Verse 1

    A   E   A   E
Two very different people, too scared to get along,

    F#m7   C#m7   D   E
Till two hearts beat together, underneath one sun.

    A   E   A   E
One very special moment, can turn a destiny,

    F#m7   C#m7
And what some would say could never change,

    D   Esus4 E
Has changed for you and me.

Chorus 1

         A   Bm7   A/C#
'Cause it's all, it's all in the way you look through your eyes,

       D   E   A
And when all is said and done

    Bm7   A/C#   D   E   F#m7
All of the fear and all of the lies are not hard to overcome.

    E/G#   A   Bm7   A/C# D
It's all in the way you look at it that makes you strong,

    Bm7   D/E   A
We were two, we were two, now we are one.

Interlude | (A) | E | A | E |

Verse 2
```
              A                E      A              E
We are two very different people, so much to overcome,
    F♯m7              C♯m7              D          F♯m   E
So why care for one another, when there's so much to be done.
          A             E     A                    E
'Cause sometimes it's necessary just look how far we've come,
          F♯m7           C♯m7
You could say my friend that it's the end,
         D          D/E   E
Or a new tale has begun.
```

Chorus 2
```
              A              Bm7                    A/C♯
'Cause it's all, it's all in the way you look through your eyes,
          D     E          A
And when all is said and done
          Bm7           A/C♯      D        E       F♯m7
All of the fear and all of the lies are not hard to overcome.
          E/G♯              A   Bm7  A/C♯ D
It's all in the way you look at it that makes you   strong,
          Bm7         D/E                F♯m7
We were two, we were two, now we are one.
```

Middle

(F♯m7)   E/G♯   Bm7 F♯m   E   D
And one moment in time is all the time we need,

Just to make a difference,

A/C♯   Bm7   D/E   E   A   E
  To make it better for you and for me if you just believe.

Interlude | A   E | F♯m7 C♯m7 | D/E |

                  B
(Just open your eyes)

                C♯m7   B/D♯
Chorus 3   'Cause it's all in the way you look through your eyes,

      E   F♯   B
And when all is said and done,

        C♯m7   B/D♯   E   F♯   G♯m7
All of the fear and all of the lies are not hard to overcome.

         F♯   B   C♯m7 B/D♯ E
It's all in the way you look at it that makes you   strong,

       C♯m7   E/F♯   G♯m7 F♯/A B C♯m7 B/D♯ E
We were two, we were two, now we are one.

      C♯m7 E/F♯   Badd9
We were two, now we are one.

Can't Lose What You Never Had

Words & Music by Steve Kipner & David Frank

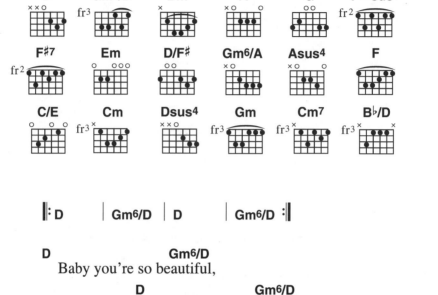

Intro ‖: D | Gm6/D | D | Gm6/D :‖

Verse 1

D   Gm6/D
Baby you're so beautiful,

     D   Gm6/D
And when I'm near you I can't breathe,

Bm   A
A girl like you gets what she wants, when she wants it,

G
You're so out of my league.

D   G Gm6/D
I show you no emotion,

     D   Gm6/D
Don't let you see what your doin' to me.

Bm   A   G
I imagine the two of us together, but I've been living in reality.

F#7sus4 F#7   Bm F#7 Bm
Fear of rejection kept my love inside,

Em D/F#   G   Gm6/A
But time is running out so damn my foolish pride.

      G   A   Bm   G   A   Bm
I don't care if you think I'm crazy, it doesn't matter if it turns out bad,

       G   A   Bm   G   A   D
Cause I've got no fear of losing you, you can't lose what you never had.

      G   A   Bm
Now I'm gonna confess that I love you,

      G   A   Bm
I've been keeping it inside, feeling I could die.

       G   A   Bm
Now if you turn away baby that's O.K.,

   G   Gm6/A
At least we'll have a moment before you say goodbye,

     Gm6/D   D   Gm6/A
You can't lose what you never had.

 D   Gm6/A
  Rules are made for breaking,

        D   Gm6/A
Nothing ventured, nothing gained.

  Bm   A
I'll be no worse off than I am right now,

         G
And I might never get the chance again.

F#7sus4   F#7   Bm   F#7   Bm
  Fear of rejection, kept my love inside,

Em   D/F#   G   Gm6/A
  Told my heart I didn't want you but I lied.

   G   A   Bm   G   A   Bm
I don't care if you think I'm crazy, it doesn't matter if it turns out bad,

    G A   Bm   G   A   D
Cause I've got no fear of losing you, you can't lose what you never had.

   G   A   Bm
Now I'm gonna confess that I love you,

  G   A Bm
I've been keeping it inside, feeling I could die.

    G A   Bm
Now if you turn away baby that's O.K.,

  G   Gm/A
At least we'll have a moment before you say goodbye,

            F
(Before) you say goodbye.

Middle

          C/E
Here on the outside looking in,

Cm   Dsus⁴ D   Gm
 Don't want to stay dreaming 'bout what could have been.

     D   Cm⁷
I need to hear you speak my name,

B♭/D   Dsus⁴ D   G
Even if you shoot me down in flames.

Chorus 3   *As Chorus 1*

Outro

D   Gm⁶/D   D Gm⁶/D
 You can't lose what you never had.

D   Gm⁶/D   D Gm⁶/D
 You can't lose what you never had.

Repeat Outro to fade